Theo von Taane

FUNCRAFT
Die lustigsten inoffiziellen
Witze
für Minecraft Fans

KEIN OFFIZIELLES MINECRAFT-PRODUKT. NICHT VON MOJANG GENEHMIGT ODER MIT MOJANG VERBUNDEN.

Bibliografische Information der Deutschen Nationalbibliothek:
Die Deutsche Nationalbibliothek verzeichnet diese Publikation in der Deutschen Nationalbibliografie; detaillierte bibliografische
Daten sind im Internet über http://dnb.dnb.de abrufbar.

© 2017 Theo von Taane; 3. Auflage
Covergrafik und Texte: © 2017 Theo von Taane

Herstellung und Verlag: BoD – Books on Demand, Norderstedt

ISBN: 9783743195240

WITZEKATEGORIEN Seite

Steves Schönheitstipps: Hobeltricks zur Kantenglättung! 5

Pralle **Sprüche** mit Pixelausfluss! 15

Gartenarbeit – **Alex** sprengt den Rasen, mit Creepern! 18

Minecrafter singen dreistimmig: laut, falsch und mit Begeisterung! 20

Rätselhafte Fragen mit rückwärtsdrehenden Antworten! 24

Das kleine Minecraft **Verkehrsregeln-ABC.** 28

Minecraft-Kuh gesteht: „Früher war ich eine Naschkatze!" 29

Minecraft-Multiplayer: „Du und ich, wir sind schon ein tolles Trio!" 33

Ein Leben ohne **Minecraft**? Möglich aber sinnlos. 36

1000 Tricks & Tipps – Wie man **Enderman** als Haustier hält! 40

Zombie gesteht: „Zum Geburtstag wünsche ich mir ein Fahrrad!" 43

Steve: „Eigentlich wollte ich heute die Welt erobern…aber es schneit." 46

Notch versteht die Welt nicht mehr: „Ozelot hat mich gebissen!" 48

Steve – Kraftprotz im Pocketformat! 49

Neun Anzeichen, dass du zu viel Minecraft spielst. 51

Chuck Norris in Minecraft: „Ich warne euch! Ich habe einen Löffel und kann damit umgehen!" 53

Evolution: Crap -> Creep -> **Creeper**! 54

Steves Schönheitstipps: Hobeltricks zur Kantenglättung!

Es ist allgemein bekannt, dass Steve nicht bis drei zählen kann. Wenn er drei Creeper sieht, sagt er:

„Da kommen zwei Creeper und bringen einen mit."

—

Frage: Wie jagt Steve Endermilben?

Antwort: Er scheucht sie unter den Schrank und sägt die Beine ab.

—

Frage: Warum hat Steve immer eine leere Flasche im Kühlschrank stehen?

Antwort: Damit er Besuchern etwas anbieten kann, die nichts zu trinken haben wollen.

—

Frage: Was sagt der Baum zu Steve?
Antwort: „Leaf me alone."

(Leaf (engl.) = Blatt, aber klingt so ähnlich wie Leave (engl.) =lassen -> Leave me alone (engl.) = Lass mich allein)

—

Steve zu seiner Freundin:

„Oh, du hast mein Minecraft in den heart-Mode versetzt!"

(heart-Mode (engl.) = Herz Modus)

—

Steve: „Bin mit einem Creeper in den Urlaub gefahren.

Und zwischen uns hat es BOOOM gemacht! Das war echt der Knaller!"

—

Steve sitzt im Restaurant neben einem Minecrafter. Sagt der Minecrafter zu Steve:

„Du sitzt auf meinem Hut!". Antwortet Steve:

„Wieso willst du etwa schon gehen?"

—

Steve und Alex gehen das erste Mal ins Kino. Als die beiden auf dem Weg zu ihren Sitzplätzen sind und es schon dunkel ist, kommt ihnen eine Platzanweiserin entgegen mit einer

Taschenlampe in der Hand. Sagt Steve:

„Achtung Alex, da kommt ein Radfahrer!"

—

Frage: Warum lässt Steve immer die Gartentür offen?

Antwort: Damit die Pflanzen immer genügend frische Luft bekommen.

—

Frage: Warum hat Steve die Beine seines Bettes abgesägt?

Antwort: Damit er einen tieferen Schlaf bekommt.

—

Ein Minecraft Player mit Polizisten Skin zu Steve: „Können sie sich identifizieren?"

Da kramt Steve einen Spiegel aus seinem Inventory, schaut hinein und sagt: „Ja, tatsächlich ich bin's."

—

Frage: Warum läuft Steve immer mit geschlossenen Augen weiter, wenn er ein Creeper gesehen hat?

Antwort: Damit er von diesem nicht gesehen wird.

—

Du weißt du wirst älter, wenn der Santa-Steve mit Bart in Minecraft anfängt jünger auszusehen.

Frage: Was passiert, wenn Steve Cola und Bier gleichzeitig trinkt?

Antwort: Er colabiert.

Haut der Steve nachts die Ziegen, wird es wohl am Vollmond liegen.

(Minecraft Ziegenmod 3.0 mit Werwolf Edition 4.x3)

Frage: Welche Art von Pflanzen findest du im Garten von Steve?

Antwort: Terranien!

Verschiedene Katastrophen der Welt:

Erdbeben, Hurricans, Tsunamis und…Steve.

—

Achtung jetzt kommt mein bester Minecraft Witz:

„Gehen zwei Steves in eine Bar……………….Mist, habe den Rest vergessen!"

—

Frage: Was sagte Steve am Morgen beim Eier essen?

Antwort: Ein gekochtes Ei am Morgen ist hart zu schlagen.

—

Steve beim Doktor:

„Herr Doktor alle Leute ignorieren mich, als wenn ich gar nicht real wäre!"

Doktor: „Der nächste bitte!"

—

Frage: Warum mag Steve keine Restaurants auf dem Mond?

Antwort: Weil sie keine Atmosphäre haben!

—

Frage: Wie macht Steve mit zwei Stöcken Feuer?

Antwort: Wenn eins davon ein Streichholz ist!

—

Frage: Warum hat Steve seine Türklingel (Bell (engl.)) entfernt?

Antwort: Weil er den no-bell Preis gewinnen möchte.

(No-bell klingt ähnlich wie der berühmte Nobelpreis, der für außergewöhnliche Entdeckungen in der Wissenschaft verliehen wird)

—

Frage: „Welche zwei Dinge wird Steve niemals zu Frühstück essen?

Antwort: Mittagessen und Abendbrot.

—

Frage: Warum zieht Steve zum Golfspielen immer zwei Hosen an?

Antwort: Für den Fall, dass er ein ‚Hole in one' hat.

(Doppelbedeutung: ‚Hole in one' (engl.) ist ein Begriff aus dem Golfspiel: Mit dem ersten Schlag gleich einlochen. Direkt übersetzt bedeutet es etwa: ‚Loch in einem')

—

Frage: Warum musste Steve seine Farm schließen?

Antwort: Weil die Kuh entlaufen ist.

—

Frage: Weshalb geht Steve, wenn es Winter ist, immer durch das Fenster anstatt durch die Tür?

Antwort: Weil Weihnachten vor der Tür steht.

—

Frage: Warum isst Steve nicht so gerne Brezeln?
Antwort: Weil er den Knoten so schwer aufbekommt.

—

Frage: Was macht Steve mit einem Messer in der Hand am Ufer des Meeres?
Antwort: In See stechen!

—

Frage: Woran erkennt man, dass die email von Steve kommt?

Antwort: Es klebt eine Briefmarke drauf!

—

Pralle Sprüche mit Pixelausfluss!

Minecraft ist voll von unauffindbaren Fehlern, die bislang noch niemand entdeckt hat!

—

Diese Witze sind Diamond!

—

Minecraft ist wie Lego, nur dass man dabei sterben kann!

—

Dumme Idee: Dachte mein Holzhaus bräuchte eine Feuerstelle...

—

Wenn dir das Leben Zitronen gibt, siehe zu dass du eine Art von Frucht-MOD installiert hast.

—

„Brrr...es ist **coal** hier drin."

—

Enderman springt hoch, Enderman springt weit, warum auch nicht, er hat ja Zeit.

—

Treffen sich zwei Multiplayer – beide tot.

—

Minecraft-Studie:

Neun von sieben Creepern können nicht richtig rechnen!

—

Gartenarbeit – Alex sprengt den Rasen, mit Creepern!

Frage: Wie tauscht Alex eine Glühbirne?

Antwort: Sie sagt: „Steve ich brauche ein neues Haus!"

—

Frage: Warum hat Alex die Butter aus dem Fenster geworfen?

Antwort: Sie wollte mal einen Butterfly sehen.

Butterfly (engl.) = Schmetterling -> Butter(engl.) = Butter und fly (engl.) =Fliege)

—

Steve: „Wetten ich kann dich dazu bringen lila zu sagen?"

Alex: „Wie?"

Steve: „Welchen Farben hat der Creeper?"

Alex: „Grün und ein bisschen weiß?"

Steve: „Siehst du, habe dir ja gesagt, ich kann dich dazu bringen grün zu sagen!"

Alex: „Du sagtest lila!"

Steve: „Ich habe dir ja gesagt, dass ich dich dazu bringen kann lila zu sagen!"

—

Frage: Was ist streng geheim und steht bei Alex auf dem Herd?

Antwort: Topfsecret!

—

Minecrafter singen dreistimmig: laut, falsch und mit Begeisterung!

Treffen sich zwei Enderdragons...

—

Frage: Wohin gehen Ghasts um Urlaub zu machen?

Antwort: Nether-lands!

—

Frage: Warum fiel die Minecraft Spinne von der Klippe?
Antwort: Weil Steve sie geschubst hatte.

—

Frage: Was sagte der Englischlehrer zum Minecraft-Spieler der andauernd Fragen stellte?

Antwort: „You ask ocelot of questions!"

(<u>ocelot</u> klingt so ähnlich wie <u>a lot</u> (engl.) = eine Menge -> You ask a lot of questions! (engl.) = Du stellst/fragst eine Menge Fragen!)

—

Licht ist schneller als Schall. Das ist auch der Grund warum du denkst Herobrine sieht intelligent aus, bis du Herobrine mal sprechen gehört hast.

—

Frage: Warum hat der Schnee-Golem so große Nasenlöcher?

Antwort: Weil er so dicke Finger hat.

—

Frage: Was macht Hah Hah Hah Plop?

Antwort: Schnee-Golem, der vor Lachen sein Kopf verloren hat.

—

Frage: Warum ging der Minecraft-Baum zum Zahnarzt?

Antwort: Weil er eine Wurzelbehandlung brauchte.

—

Zwei Minecraft-Hühner werden im Ofen gebraten. Da dreht sich das eine Huhn zum anderen und sagt:

„Ganz schön heiß hier, oder?"

Antwortet das andere:
„Hey, das gibt's doch nicht, ein sprechendes Huhn!"

Rätselhafte Fragen mit rückwärtsdrehenden Antworten!

Frage: Warum ist in Minecraft alles quadratisch?

Antwort: Weil es der Entwickler so wollte.

—

Frage: Gegen welchen Baum kann ein Minecraft-Spieler nicht schlagen?

Antwort: Gegen den Purzelbaum.

Frage: Was liegt in Minecraft die ganze Zeit auf der Erde, wird aber niemals dreckig?

Antwort: Dein imaginärer Schatten

—

Frage: Warum verschwinden immer mehr Spieler in der Mine?

Antwort: Der große blaue Steinfresser hat seine Essgewohnheiten geändert!

—

Frage: Was liegt am Strand des Meeres in Minecraft und spricht undeutlich?

Antwort: Eine Nuschel!

—

Frage: Auf was schläft der Miner, wenn er kein Bett machen konnte?

Antwort: Bed-Rock!

—

Frage: Was bekommst du wenn du das Haus von irgendjemand in die Luft sprengst?

Antwort: Fliegende Blöcke!

—

Frage: Was ist so gut an Cobblestone?

Antwort: Ist noch gute alte Handwerksarbeit!

Frage: Wie nennt man Minecraftspieler?

Antwort: Quadratschädel!

—

Frage: Welche Art von Parties haben Minecrafter?

Antwort: Blockparties!

—

Frage: In Minecraft – was ist hier das Ende von allem?

Antwort: Der Buchstabe ‚m'.

—

Das kleine Minecraft Verkehrsregeln-ABC

Nachts wenn alle Minecraft-Spieler schlafen ist meist keiner mehr wach.

—

Weitere wichtige Minecraft-Regeln:

- Nachts ist es kälter als draußen!
- Zu Fuß ist es weiter als durch den Wald!
- Das Pferd ist vorne hinten als höher!
- Wenn oben grün ist dann ist unten links!
- Braune Schuhe sind wärmer als hohe!

—

Nur die Ruhe!

Eile zurück zur Stelle wo du gestorben bist bevor alle items verschwunden sind.

—

Minecraft-Kuh gesteht: „Früher war ich eine Naschkatze!"

Zwei Minecraft-Spieler unterhalten sich:

„Sag mal, raucht deine Kuh?" Da antwortet der andere:

„Nein, wieso?"

Sagt wieder der Erste:

„Oh, dann brennt wohl dein Stall!"

—

Frage: Was ist blau, hat vier weiße Streifen und steht auf der Wiese?

Antwort: Eine Minecraft-Kuh mit Trainingsanzug-Skin

—

Frage: Steve und eine dumme Minecraft-Kuh springen von einem hohen Minecraft-Gebäude. Wer kommt zuerst unten an?

Antwort: Steve, da die Minecraft-Kuh erst nach dem Weg fragen muss.

—

Am Koppelzaun einer Weide in Minecraft ist ein Schild festgemacht. Darauf steht:

„Füttern verboten - gez. Player0315."

Darunter hängt noch ein zweites Schild auf welchem steht:

„Bitte beachten sie nicht das obere Schild - gez. Die Kuh."

—

Frage: Was ist der Unterschied zwischen dem gut angezogenen Steve und einer Minecraft-Kuh?

Antwort: Steve trägt einen Anzug, die Minecraft-Kuh nur Unterhosen!

—

Sagte die Minecraft-Kuh:

„Ich sehe fett aus. Kannst du mir ein Kompliment machen?"

Steve: „Du hast eine ausgezeichnete Beobachtungsgabe!"

—

Frage: Warum reist die Minecraft-Kuh ins Weltall?

Antwort: Um die Milchstraße zu besuchen!

—

Frage: Was bekommst du wenn du die Minecraft-Kuh mit einem Rasenmäher kreuzt?

Antwort: Ein Rasenmuuuhhher!

—

Frage: Was bekommt man wenn man einen Creeper mit der Minecraft-Kuh kreuzt?

Antwort: Keine Ahnung, aber wenn es nach frischem Gras fragt, gibt es ihm!

-

Minecraft-Multiplayer: „Du und ich, wir sind schon ein tolles Trio!"

Im Deathmatch fragt ein Minecraft-Spieler den anderen:

„Wieso hast du 20 mal auf mich geschossen?"

Antwortet der andere:

„Mehr Munition hatte ich nicht."

—

Ein Spieler betritt eine Multiplayer Deathmatch Session und chattet:

„Seid ihr alle da?"

Antworten alle: „Jaaaa"

Schreibt wieder der Spieler:

„Aber nicht mehr lange."

—

Hast du schon gemerkt, dass in einem Deathmatch Game alle diejenigen die weniger kills haben als du Idioten sind, und alle die mehr haben als du, durchgeknallte Spieler sind?

—

Frage: Warum hat Steve bei Deathmatch Sessions immer eine Schere dabei?

Antwort: Damit er den anderen Playern den Weg abschneiden kann.

—

Zwei Minecrafter treffen sich zufällig im Nachtmodus von Minecraft. Der eine schaut nach oben und fragt:

„Das da oben, ist dass der Mond oder die Sonne?" Antwortet der andere:

„Keine Ahnung, bin auch nicht von hier."

—

Ein Leben ohne Minecraft? Möglich aber sinnlos.

Ein Minecraft-Spieler zum anderen: „Und möchtest du gerne Witze über das Konstruieren hören?".

Sagt der andere:

„Ja".

Darauf wieder der erste:

„Okay, ich bin noch am Bauen daran."

-

Eine deutscher und ein amerikanischer Minecraft-Fan wetten wer schneller ein Haus bauen kann. Nach 4 Wochen chattet der Ammi:

„Noch 14 Tage und ich bin fertig!"

Antwortet der Deutsche:

„Noch 14 Formulare und dann fang ich an."

-

Wusstest du schon, dass Minecraft Spieler auch dann nicht sterben, wenn sie sich zweimal halbtot gelacht haben?

-

Ein junges Mädchen steht deprimiert am Parfümeriestand des Kaufhauses und sagt zur Verkäuferin:

„Haben sie etwas das nach Minecraft riecht?"

-

Der Arzt spricht zum Minecraft-Spieler:

„Leider kann ich die Ursache ihrer Krankheit nicht erkennen, aber es könnte sein, dass es am Alkohol liegt."

Darauf antwortet der Minecraft-Spieler:

„Ok, dann komme ich wieder wenn sie nüchtern sind."

-

„Weißt du wie man einen Minecraft-Spieler neugierig machen kann?"

Antwortet der Minecraft-Spieler:

„Nein, wie denn?"

Sagt wieder der Erste:

„Sag ich dir morgen!"

—

Baue Feuerplatz.

Brenne Haus nieder.

Starte Waldfeuer.

—

Alle die in Minecraft Hide & Seek gespielt und gut im Verstecken gewesen sind, arbeiten heute im Baumarkt.

—

Die Lehrerin versucht Minecraft in ihren Unterricht mit einzubauen, damit die Schüler besser mitmachen, so fragt sie:

„Kinder, was liefert das Minecraft-Huhn?"

Schüler: „Eier!"

Lehrerin: „Kinder, was liefert euch das Minecraft-Schwein?"

Schüler: „Schinken!"

Lehrerin: „Kinder, und was gibt euch die fette Kuh?"

Schüler: „Hausaufgaben!"

—

1000 Tricks & Tipps – Wie man Enderman als Haustier hält!

Kräht der Enderman auf dem Dach, liegt der Hahn vor Lachen flach.

—

Sitzt ein Enderman in der Ecke und lacht…

—

Creeper ist traurig.

Creeper: „Schluchz…niemand will mich als Freund…"

Enderman: „Ich kenne dieses Gefühl, Kumpel."

—

Frage: Was macht Enderman mit Steve ohne Beine?

Antwort: Um die Häuser ziehen!

Frage: Was passiert wenn Enderman eine Fliege verschluckt?

Antwort: Dann hat er mehr Hirn im Magen als im Kopf.

—

Frage: Woran kann man erkennen wo Enderman lebt?

Antwort: Dort hängt das Toilettenpapier zum Trocknen auf der Leine.

—

Frage: Warum kann Enderman keine Gehirnerschütterung bekommen?

Antwort: Wo nichts ist, kann auch nichts erschüttert werden.

—

Zombie gesteht: „Zum Geburtstag wünsche ich mir ein Fahrrad!"

Steve hat sich mit einem Zombie angefreundet, aber er kommt mit seinen Essensgewohnheiten nicht zurecht. Er schick ihn deshalb zum Psychiater. Als er wieder zurück kommt fragt er ihn:

„Und, wie war er?"

Antwortet der Zombie:

„Lecker!"

—

Kommt ein Zombie zur Partnervermittlung:

„Ich hätte gerne jemanden nach meinem Geschmack..."

—

Frage: Was macht ein Zombie in der Disko?

Antwort a) Er dribbelt seinen Kopf im Rhythmus der Musik.

Antwort b) Er schwingt das Tanzbein!

Antwort c) Er lässt die Fetzen fliegen!

—

Zombies lieben es Leute zu treffen!

—

Frage: Was passierte als der Zombie Enderman fraß?

Antwort: Er fing an zu starren.

—

Zwei Zombies fallen in ein Loch. Sagt der eine:

„Es ist verdammt dunkel hier, oder?" Sagt der andere:

„Ich weiß nicht, ich kann nichts sehen."

—

—

Steve: „Eigentlich wollte ich heute die Welt erobern…aber es schneit."

Das Gefäß das Lava transportieren kann, brennt wenn man es in Lava wirft?!!!!

—

Wenn du ein Minecraft Omelett machen willst, musst du erst ein paar Steine brechen.

—

Frage: Was steht auf dem großen Schild in Minecraft?

Antwort: Nicht die Tiere füttern, sie sind nicht echt!

–

Frage: Wieviel Seiten hat ein Block in Minecraft?

Antwort: zwei – eine außen und eine innen.

–

Bin 1000 Meter tief gefallen in köcheltiefes Wasser …. Und habe überlebt!

–

Minecraft ist eine virtuelle Welt. Und virtuelle Welten sind virtuell erstaunlich!

—

Notch versteht die Welt nicht mehr: „Ozelot hat mich gebissen!"

Minecraft ist die Matrix und Notch der Architekt.

—

Schnee Golem ist so groß, dass wenn er schlafen gehen will, sein Körper sagt: "speichere chunks..."

—

Notch: „Zuerst mochte ich meinen Bart nicht, doch dann wuchs er einfach auf mir."

—

Steve – Kraftprotz im Pocketformat!

Wie stark ist Steve?

1. Steve hat 36 Slots um Dinge zu tragen.

2. Jeder Slot kann 64 der meisten Dinge enthalten.

3. Das schwerste item welches du mit dir tragen kannst ist ein Kubikmeter Gold, welcher in

der wirklichen Welt ca. 19320 kg schwer ist.

4. Also jeder Slot kann 64 von diesen Goldblöcken beinhalten.

5. Und wenn du nun die 64 mit den 36 Slots multiplizierst dann ergibt das ein Gesamtgewicht von 44513280 kg oder 44,5 Mio kg (abgerundet) oder gut 40.000 Tonnen (weiter abgerundet)

6. Das bedeutet, dass Steve das Gewicht des Eiffelturms in seiner Hosentasche einfach so mit sich rumschleppt!

7. Stopp, das ist noch nicht alles! Das Gewicht des Eifelturms muss noch mit vier multipliziert werden, d.h. er trägt ein

Gewicht von **vier Eifeltürmen** mit sich rum!!!

8. Da soll noch jemand behaupten, Steve sein schwach. Hah! Zeig ihm diese Rechnung!

-

Neun Anzeichen, dass du zu viel Minecraft spielst

Du weißt du spielst zu viel Minecraft,...

- o wenn Leute vorbeikommen um in deinem verwilderten Vorgarten jagen zu dürfen!

- o wenn du einen Kostenvoranschlag brauchst, bevor du dir die Haare vom Frisör schneiden lässt!

- wenn dir Erdölfirmen anbieten, die Schürfrechte für dein Haar abzukaufen!

- wenn jede Socke in deinem Haus den Gasmeldealarm auslöst!

- wenn man dein Alter anhand der Anzahl deiner Bauchfalten bestimmen kann!

- wenn die Ufo-Hotline deine Anrufe auf maximal einen pro Tag begrenzt hat!

- wenn deine Vorstellung eines 7-Gänge Menüs ein KFC-Eimer mit sechser Pack Bier ist!

- wenn sich Vögel von deinem Bart angezogen fühlen!

- wenn du deinen Rasen mähst und ein Auto findest!

–

Chuck Norris in Minecraft: „Ich warne euch! Ich habe einen Löffel und kann damit umgehen!"

Wenn Chuck Norris die Welt zerstören möchte, dann craftet er nicht TNT, sondern bindet einen großen Haufen Creeper zusammen und schmettert sie auf den Boden.

–

Chuck Norris ist der wahre Endgegner, der Enderdragon ist nur das Tutorial.

—

Chuck Norris nutzt keine Torches um Tunnel zu beleuchten. Er lässt einfach Lava seinen Kopf herunterlaufen.

—

Evolution: Crap -> Creep -> Creeper!

Frage: Warum überquerte der Creeper die Straße?

Antwort: Um auf die andere Sssssssssssssseite zu kommen!

—

Ich sagte dem Creeper er soll seinen finsteren Gesichtsausdruck mal anders herum drehen, aber als er es tat, sah er immer noch so grummelig aus!

-

Frage: Was bekommt man, wenn man einen Creeper mit einem Kühlschrank kreuzt?

Antwort: Eine coole Explosion!

-

Frage: Wieso fiel der Creeper von der Schaukel?

Antwort: Weil er keine Arme zum Festhalten hat!

-

Frage: Warum überquerte der Creeper die Straße?

Antwort: Da war ein Ozelot, welches ihn verfolgte.

—

Steve: „Dieses Haus braucht noch einen Eingang!"

Creeper: „Kein Problem, ich kann das machen."

—

Sagte der Creeper erstaunt: „Wie? Ein Haus gebaut aus Klebeband?

Da bin ich raus, Leute!"

—

Frage: Was ist ein Creeper in Salzsäure?

Antwort: Ein gelöstes Problem.

-

„Der kleine grüne ‚Komm noch einen Schritt näher dann explodiere ich' möchte aus dem Kinderparadies abgeholt werden."

-

Ende

Weitere Bücher der FUNCRAFT Reihe von Theo von Taane:

Titel	Alter	ISBN
Funcraft - Das beste inoffizielle Mathe Ausmalbuch für Minecraft Fans (6-10 Jahre)	6-10	9783743196919
Funcraft - Das inoffizielle Mathe Ausmalbuch: Minecraft Minis (Cover Hase)	6-10	9783734781452
Funcraft - Das inoffizielle Mathe Ausmalbuch: Minecraft Minis (Cover Zombie)	6-10	9783743163744
Funcraft - Das inoffizielle Mathe Ausmalbuch: Minecraft Minis (Cover Dragon)	6-10	9783743182417
Funcraft - Das inoffizielle Mathe Ausmalbuch: Superhelden im Minecraft Skin (Cover Batman)	6-10	9783743192904
Funcraft - Das inoffizielle Mathe Ausmalbuch: Superhelden im Minecraft Skin (Cover Superman)	6-10	9783743192836
Funcraft - Das inoffizielle Witzebuch für Minecraft Fans	8-14	9783743192539
Funcraft - Noch mehr inoffizielle Witze für Minecraft Fans	8-14	9783743192607
Funcraft - Die besten inoffiziellen Witze für Minecraft Fans	8-14	9783743193192
Funcraft - Die lustigsten inoffiziellen Witze für Minecraft Fans	8-14	9783743195240
Funcraft - Das inoffizielle Rätselbuch für Minecraft Fans	8-14	9783743195387
Funcraft - Noch mehr inoffizielle Rätsel für Minecraft Fans	8-14	9783743195400
Funcraft - Das inoffizielle Offline Spielebuch für Minecraft Fans	8-14	9783743195424
Funcraft - Das inoffizielle Quizbuch für Minecraft Fans	8-14	9783741291203
Funcraft - Noch mehr inoffizielle Quizfragen für Minecraft Fans	8-14	9783739235592
Funcraft - Das inoffizielle Rekordebuch für Minecraft Fans	8-14	9783743165502
Funcraft - Das inoffizielle Hausaufgabenbuch für Minecraft Fans	8-14	9783743177666
Funcraft - Aufstand in Germanien (Ein Minecraft inspirierter Roman)	12-99	9783743196858
Funcraft - Eiszeitjäger: Auf der Fährte des Löwen (Ein Minecraft inspirierter Roman)	12-99	9783743196865
Funcraft - Das beste inoffizielle Notizbuch (liniert) für Minecraft Fans	6-99	9783743196872
Funcraft - Das inoffizielle Notizbuch (kariert) für Minecraft Fans	6-99	9783743196889
Funcraft - Frohes Neues Jahr an alle Minecraft Fans! (inoffizielles Notizbuch) - Das	6-99	9783743196896
Funcraft - Fröhliche Weihnachten an alle Minecraft Fans! (Inoffizielles Notizbuch)	6-99	9783743196902
Passwort Logbuch für Minecraft Fans	6-99	9783743163928
Pokefun - Das inoffizielle Witzebuch für Pokemon GO Fans	6-99	9783743109780
Pokefun - Das inoffizielle Quizbuch für Pokemon GO Fans	6-99	9783743109827
Pokefun - Das inoffizielle Notizbuch (Team Rot) für Pokemon GO Fans	6-99	9783743109841
Pokefun - Das inoffizielle Notizbuch (Team Gelb) für Pokemon GO Fans	6-99	9783743109858
Pokefun - Das inoffizielle Notizbuch (Team Blau) für Pokemon GO Fans	6-99	9783743109865
Pokefun - Das absolut inoffizielle Notizbuch für Pokemon GO Fans	6-99	9783743109834
Weltbester Radfahrer - Notizbuch	6-99	9783738610161
Weltbester Inline Skater - Notizbuch	6-99	9783738610178
Weltbester Skifahrer - Notizbuch	6-99	9783738610185
Weltbester Snowboarder - Notizbuch	6-99	9783738610192
Weltbester Sportler - Notizbuch	6-99	9783738610208
Weltbester Surfer - Notizbuch	6-99	9783738610215
Weltbester Taucher - Notizbuch	6-99	9783738610222
Weltbester Tennisspieler - Notizbuch	6-99	9783738610239
Weltbester Volleyballer - Notizbuch	6-99	9783738610246
Weltbester Wassersportler - Notizbuch	6-99	9783738610253

Motiv Notizbücher von Theo von Taane:

Titel	ISBN
Weltbeste Tennisspielerin	9783738610055
Weltbester Angler	9783738610062
Weltbester Bauarbeiter	9783738610079
Weltbester Eishockeyspieler	9783738610086
Weltbester Gärtner	9783738610093
Weltbester Golfer	9783738610109
Weltbester Jäger	9783738610116
Weltbester Judokämpfer	9783738610123
Weltbester Karatekämpfer	9783738610130
Weltbester Kraftsportler	9783738610147
Weltbester Läufer	9783738610154
Weltbester Radfahrer	9783738610161
Weltbester Inline Skater	9783738610178
Weltbester Skifahrer	9783738610185
Weltbester Snowboarder	9783738610192
Weltbester Sportler	9783738610208
Weltbester Surfer	9783738610215
Weltbester Taucher	9783738610222
Weltbester Tennisspieler	9783738610239

...weitere Titel verfügbar und aktuell in Vorbereitung.

Von Theo von Taane gibt es weit mehr als 200 Witzebücher, Notizbücher, Romane, Spiele, Tools, Sportbücher und Kalender.
Im Store einfach mal nach „Theo Taane" suchen.

Viel Spaß!